너는 없고 나는 있고

남택성 시집

상상인 시선 067

* 본문 페이지에서 한 연이 첫 번째 행에서 시작될 때에는 〈 표기를 합니다.
* 저자의 의도에 따라 작품의 보조 동사와 합성 명사는 띄어쓰기가 달라질 수 있습니다.
* 작가의 창작 의도에 따라 표준어 및 표준문법에서 벗어나는 어휘나 표현을 허용하였습니다.

나는 그 숲에 들어갈 수 없었다

당신이 꽃잠을 잘까 봐

당신이 꽃잠을 깰까 봐

시인의 말

한잠 자고 나면

누에가

다른 몸으로 건너와

차례

1부 다시 읽는 밤의 묵서

묵서	19
데린쿠유	20
동아冬芽	22
고사목枯死木	24
숨은벽	26
물염적벽	27
저녁, 채석강	28
연서	30
나의 전갈좌는 어디로 흐릅니까	32
나이 먹는 공터	33
곡우 들 무렵	34
서강西江	35
목련을 읽다	36
달빛 한 장	37
여을	38
네가 온다는 말	39

2부 별들을 한 개씩 몸에 심는다

모운동 1 43
모운동 2 44
모운동 3 46
모운동 4 47
보시布施 48
후드득 비의 경계 49
낮잠 50
부엉이, 부엉이 51
너에게로 수인手印 52
나에게 불두화 54
아득한 모과 씨! 55
툭 56
듯 57
한밤의 문병 58
분꽃 60
나무고아원 62

3부 아득한 것들이 모여 없는 길을 낸다

오동나무에 앉은 울새	67
봄날, 폭설	68
나는 내일 죽습니다	70
지곡동에 가다	72
개심사에 가지 않아야 할 이유	74
미리 가보는 내 장례식	76
무심천	78
붉은 별의 첫 이민자	79
당신 근처	80
고비사막	81
딴섬	82
오늘도, 활짝	83
봄의 서가	84
방하放下	86
백년 후, 그대도 나도 없는	88
천수만 시베리아흰두루미	90

4부 당신 쪽으로 기울어지며 걸어 볼까 해요

꽃잠	95
Delete	96
별서에 내리는 햇살	98
남해 몽돌	100
우수	101
차강 올	102
마릴린 먼로, 마지막 유혹 展	104
덕사리 구절초	106
고궁을 걷다	108
내장산, 봄눈	109
아기 새 목련	110
사이	111
스타벅스 -세이렌 사이렌	112
그 많은 새들은 어디에서 잠들까	114
그 집	115
어디에도 없고	116

해설 _ 부재와 현존 사이에서 찾은 무심의 시학   119
황정산(시인, 문학평론가)

1부

다시 읽는 밤의 묵서

묵서

사북면의 밤
폐교 운동장에 누워 광활한 하늘을 본다

잔별 쏟아져 흐르는 은빛 강
16광년의 길을 사이에 두고 마주한
견우와 직녀
견우성에서 내게 오는 길도 16광년

다시 읽는 밤의 묵서

하늘 가장자리까지 번진 수묵 속
차갑게 식은 말
먹먹히 나를 거쳐 간 후에도

끝내 잊지 못한 희미한 별 하나

해독하지 못한 너의 편지를 읽고 또 읽는
폐교의 밤이다

데린쿠유

황폐한 지상의 흙먼지 아래
지하 도시
돌 속으로 길을 낸
지하 20층 은둔의 터전

잊었던 우물을 떠올린다

달을 길어 올릴 때마다
우물 속 눈과 마주치던 기억
그을린 흔적
울음은 단단한 돌에 박혀 있다

박제된 상처를 걸어 나오면
한 줌 바람
만난 적 있는 얼굴을 하고 있다

사람들은 우물의 눈동자를 갖고 있다
눈부처 속 나의
데린쿠유
〈

눈동자 속에
발굴되지 않은 지하도시가 있다

동아 冬芽

겨우내 바람은 나무의 혐의를 붙들고 놓지 않았다
그렇듯 집요해서

여윈 나뭇가지의 엽흔, 한층 우묵해지고
갈라진 수피 속으로 체관이 들여다보인다

지난겨울
나무 곁에서 바람은 집요하게
가을의 빈자리를 부검했다
예리한 심증의 칼을 댔다

나무는 끝내 묵비권을 행사했다
한순간에 쓸어간 폐허에 대해 결단코
입을 열지 않았다

물증은 씨앗이라는 압축파일

햇살과 바람이 비밀번호를 해독하는 동안
몇 차례의 폭설에도 나무는 투사처럼 의연했다
〈

적군의 예리한 단도처럼
기습적인 꽃샘추위에도 아랑곳하지 않고

문득, 돋아난 동아冬芽
목련, 돌아오고 있다

고사목枯死木

해인의 적멸보궁을 지키는 노거수 고사목
조릿대가 바람의 숨결을 풀어내고
봄물, 가야산 소리길이 흘러든다

네가 막 돋아난 연두의 말들을 쏟아내는 사이
나는 나무가 되어갔다

해묵은 몸에서
앙금처럼 가라앉은 시간의 주름을 펴며
여린 것이 부풀어 몸이 자주 아팠다

산사山寺 들어서
어디 있느냐 물으면

천년 전에도 여기
지금도 여기

죽은 새의 깃털처럼 허공을 헤맨
남루한 행장
무채색 업을 메고

해탈문에 선다

안과 밖이 없는
오래된 서원의 벽이 허물어지는 순간

홍점알락나비 환생일까
빗살무늬 햇살을 만든다

숨은벽

슬픔이 대나무처럼 자라는 푸른 집으로 가요

하늘말나리가 피는 오솔길을 지나야 해요
길은 하나가 아니어서
예기치 않은 오르막을 만나도 당황할 필요가 없어요

흰가시광선버섯은 아예 모른 척해요
슬픔은 때로 치명적인 독이니까요

자주 생각에 빠지는 징검다리와
툭하면 다른 쪽으로 꺾이는 길

비가 내리면
없다가 있는 것이 자연스러운 산길에 서서

있다가 없는 것을 골똘히 생각하기도 해요

물염적벽

 기다렸다는 듯 함박눈 쏟아진다. 눈송이들 언 몸을 비껴가며 춤추듯 날린다. 앞을 가늠할 수 없는 눈보라 속에 아직 가야 할 길이 멀다. 파도 거칠게 누대의 주름 온몸으로 밀어붙이는 적벽. 물들지 않으리라는 마음 아무리 단호하다 하여도 물염적벽 앞에선 그대도 물염에 무릎 꿇을 것이다. 앞서간 사람의 발자국과 울음과 긴 그림자. 순백의 손길이 소나무에 쌓이고, 적벽의 주름을 만진다. 마음의 깊이는 어디쯤일까? 하얗게 덮인 눈의 시간은 어디에서 멈출까? 다시 정처를 찾아 떠나야 한다면 저 눈길을 다 걸어본 바람처럼 빈 들녘을 지나야 할 것이다.

저녁, 채석강

오래된 시간의 파도를 펼친다
나를 읽는다

멀리 나아갔다 다시 돌아오는 파도와
그 몸짓으로 단단해진 일월

휘어진 길처럼 기울어지는 마음
이끌고 바다로 온 사람들

저녁의 손을 잡고 당도한 길의 끝자락
해 떨어지자 한참 더 붉은 자리

눈물 많은 사람이 혼자 살 것 같은
작은 집 한 채 떠 있는 하늘
어쩌다 날아온 새처럼
오래도록 바라본다

파도를 켜켜이 마음책에 담고
접힌 주름 채석강의 저녁
〈

저무는 노을의 찬란을 채집한다

연서

창덕궁 만첩홍매가 쏟아내는
붉은 연서를 읽느라
자시문과 승화루 삼삼와 앞을 서성였는데

분홍빛 엷어지며
꽃 진 자리, 드리워진 연둣빛 차양은 어느새 초록이 되어
바람이 불 때마다 잔물결 소리를 내더이다

희우루 살구꽃 흰빛 아래 서서
담 너머 성정매를 보는 동안
그림자처럼 봄날이 지나가고

사백 년 동안 한자리에서 정진한
나무의 서체
부드러우면서도 정교하고 한결같으니
이렇게 곡진한 사랑에
한 사람이 오래 울고 웃다가, 갔다 하더이다

검고 단단한 표지의 서책을 열 때마다

누군가 읽다 꽂아 놓고 간
서표에서 흘러나오는
묘묘하여 아릿한 향기

백년을 또 이렇게 흘러가도 좋겠다 하더이다

나의 전갈좌는 어디로 흐릅니까

황톳빛 토사물처럼 흐르는
석양의 메콩강을 지난다

긴 햇빛이 도자기 빚듯이 끈적이는 길을 반죽한다

핏빛 강을 읽는 사이
알지 못하는 사람은 아는 사람이 되어가고
아는 사람은 낯선 이가 되어간다

메콩강을 건너는 반잔느아의 밤
두고 온 별자리가
머리 위에서 내려다보고 있다

강이 뱀 모가지처럼 좁아지는 늪지의 전갈
그리움의 붉은 독침 세운
나의 전갈좌

나이 먹는 공터

어스름이
담벼락에 기대어 흐느끼던 시간

어두워지는 숲으로 스윽 지나는 고양이 그림자
숨죽여 흐르는 물소리

찔레꽃 향기를 업고
젖은 바람이 불어온다

낡은 벤치 가로등 아래
고개 숙인 한 사내의
흔들리는 등 뒤로
축축한 고양이 울음 지나간다

곡우 들 무렵

조팝나무 향기
날개 접으며 내려앉는 시절

품 안의 것을 내려놓지 못해 쩔쩔매는 사이
산이 그늘을 내려놓는다

하늘은 구름을
나무는 그 많은 꽃을
물은 쉼 없이 낮은 자리로 제 몸을 내려놓고

봄이 오는 동안
얼마나 깊게, 무겁게
눌러 놓았던지
직립의 나는 수평이 되었다
그도 슬며시 목숨을 내려놓았다

뒤란 창으로 본
흰 천에 싸인 그의 발
조팝나무 꽃잎 그렇게 마당에 내려앉고

四月은 死月이 되었다

서강西江

저물녘 강가

먼 곳까지 흘러온 이야기
조약돌이 나를 던진다

파문이 인다

내 것이 될 때까지
기다리려 한다
느리게

강바닥에 닿아
다시 강물 밖으로 나오기 위해
되새김질하는 시간

좀처럼 떠오르지 않는 네 얼굴

내게로 물수제비 인다

목련을 읽다

책을 읽느라 수그린 소녀의 이마
같은 목련

잠결에 뒤꿈치 들고
따라다닌 꿈
어느덧 지고 나면 그 자리는
눈부신 거짓

한 사람이 왔다
떠난 가슴
목련은 내게 왔다
간다

지나는 바람이
추운 봄의 건반을 두드릴 때마다

달빛 한 장
-황산

귀를 열어둔 채 잠이 든다

한밤중
수런거리는 달의 말을 듣다
눈을 떠보니
홍건한 달빛을 베고 있다

바위에 뿌리내린
소나무
휘어진 가지 사이
황록색 열사흘 달

몇 번을 올라도
다 보여주지 않는다는
황산
깊은 골짜기

바람의 눈이 어둠을 들여다본다

여을*

여름과 가을 사이 여을

설악이 가장 아름다운 때 언제냐 묻자
몸 불리던 폭포 소리 수척해지고
이파리 가장자리 고요히 붉어지는
여을이라 했지요

골짜기 서늘히 깊어지는 때
산사나무 열매 몰래 붉어지고
당신에게 가는 길
여뀌 풀숲에서 풀벌레 우는
여을

눈매 가득 강물 소리 담아 나르는
새들의 분주한 아침
등 뒤에서 불어오는 바람이
한바탕 억새의 현을 켜는

아, 여을이지요

* 여을: 여름의 '여'와 가을의 '을'을 따서 만든 말.

네가 온다는 말

매화가 핀다는 말은
매화가 진다는 말

귀가 열린
매화꽃망울
남쪽 바람이 흔들 때

봄이 온다는 말은
봄이 간다는 말

발소리에 두근거리는 심장을
고요히 꽃나무에 기대어 볼 때

네가 간다는 말은
네가 온다는 말

2부

별들을 한 개씩 몸에 심는다

모운동 1

모운동의 밤은
절벽처럼 떨어진다

잠을 밀어내고 폐교 운동장에서
하늘을 본다

별 속에 별이 있고
그 별 속에 또 별이 있다

별들을
한 개씩 몸에 심는다

별 박힌 상처에서
피 대신
철철 안개 같은 어둠이 떨어진다

모운동 2

모운동에 가는 일은
안개가 되는 일
없는 길을 찾아가는 일

청령포
김삿갓 마을 지나
모운동으로 오르는 안개

탄도의 흔적을 지우며
초록물 산꼬라데이길로 번지는
유월, 운탄길 덮은 아카시아 꽃잎
마르기도 전에
산딸기 흐드러지고 있다

어린 시절 옥동천에서 다이너마이트로
물고기 잡았다는 남자 뒤를 따라
수풀 속을 더듬는다
삼십 년째
붉은 물 게워 내는
옥동광산 폐광 입구

목이 잠긴 탄도의 깊이

안개, 자욱이
광부의 길을 덮는다
내 몸에도 오래 열지 않은 폐광의 흔적
가설극장의 흑백 필름 같은
길이 생기는 저녁이다

모운동 3

모감주 열매가 나뭇가지를
놓아버렸다

한 사람의 손을
놓은 것처럼

새는 죽을 때 울음이 애잔하고*

나는 옛집의 저녁을 떠나
깨어나지 못할
깊은 잠에 빠져
시간을 놓아버렸다

* 증자.

모운동 4

산구름국화
구름꽃다지
구름패랭이
구름송이풀
구름제비
구름병아리난초

산으로 간 풀들은 구름을 입었다

보시布施

소담한정식 담벼락

겨울의 긴 터널을 지나온 꽃의 눈
저쪽에서 이쪽으로
발돋움을 한다

낮은 담벼락 위
나른한 햇살 펼쳐 널며
이팝나무에 쌀뜨물 뿌리는 손길

그늘 축축한 담벼락
어미 들고양이
새끼 세 마리 슬어 놓아

뭉싯뭉싯
이팝나무는
밥알을 내어놓는다

후드득 비의 경계

비의 경계에 서 본 적 있어
길 이쪽은 젖었는데 저쪽은 말짱
어제는 울고 오늘은 웃고
너는 없고 나는 있고

달맞이꽃 피어
너는
열리는 꽃잎
보고, 또 보겠지

후드득후드득 마당을 걸어오는 빗줄기
흙이 튀어 오를 때마다
덜 익은 감 맛 같은 흙냄새

헛되이 보낸 꿈들은 어디에 모여
헛꽃이 될까

낮잠

구름을 걸어 온 말들이

차르륵

주렴을 치는

한낮

나

비의 주렴 속에서

태어나지 않은 사람처럼

오래도록

깊이 든다

부엉이, 부엉이

폐교 운동장
늙은 회화나무 한 그루

나무속
부엉이 한 마리

아버지보다 먼저 온 부엉이 한 마리

아버지는 밤물결에 노를 빠뜨렸다

돌아오는 길을 모르는 아버지
대신 부엉이가 우는 밤

빈손의 아버지
대신 우는 검은 바람

아버지는 여전히 돌아오고 계시는가

부엉부엉
높새바람 소리 높이는 밤

너에게로 수인手印

옥천암 보도각 흰 마애보살좌상 앞에 선다
사흘째 오는 비
합장하던 발길이 뚝 끊겼다
흰 꽃을 매단 박꽃 덩굴이 버드나무를 부여잡는다

물속 제 모습을 내려다보던 왜가리 한 마리
오늘은 보이지 않는다
물이 부풀어 오르는 밤
떠난 왜가리는
한 발을 어디에 세울까

담쟁이들이 보도각 담에 손을 뻗는다
기어코 넘겠다는 듯
벽을 타고 오르는 공양을 부처도 아는지

비 주춤한 사이 나무는 젖은 꽃들을 밀어올린다
올 때마다 표정이 달라지는 백의관음

왜가리 아슬한 다리를 세워주는

아미타 수인을 본다

나에게 불두화

해 떨어지기 전
불현듯 환해지는 시간

당신이 죽은 사람이라는 걸
잊곤 하지

당신은 여전히
막 풀 베어낸 자리처럼
날 것의 향기로 넘쳐

공터에 핀 불두화
산방 꽃차례
꽃 떨어진 자리

채 가시지 않은 헛꽃의 체취
이제 당신은 좀 가벼워졌는지

불쑥
발 앞에 떨어지는
이내빛 헛꽃 뭉치를 집어든다

아득한 모과 씨!

찬 서리 지나서야
모과는 울퉁불퉁한 몸에
향기를 담는다

나뭇가지에 매달려
쭈글해지다 부풀다
얼다 녹다

썩어가며 제 속에 가둔
향기의 힘으로

동고비 발아래 나뭇가지
흔들리는 잎새에 앉히고

싸락눈 내린 묵계서원
읍청루 누각의 한 끝을
아득히 들어올린다

툭

이제야 더듬거리며 말할 수 있는 고백처럼
구름 사이로 빠져나온
달

머뭇거리던 저녁이 이내 어두워지듯
당신은
캄캄해지려고 해

당신이 읽을 수 없는 당신의 죽음은
오래도록 내가 읽어야 할 시

붉게 물든 구름의 문장

발아래 툭 떨어진 핏빛 꽃송이
마지못해 바람에 쓸려간다

어둠 속, 동박새 한 마리 날아간다

듯

고택의 지붕 위를 날아가는 새들이
고색창연한 단청을 허공에서 탁본하듯

금 가던 담벼락이 실눈으로
자목련을 바라보듯

바람의 입술이
생강꽃 향기를 슬쩍 훔치듯

빛바랜 누름꽃 창호지에
비스듬히 빛이 들 듯

아무도 없는 마당
발자국 없는 발이 스치듯

지나간다

한밤의 문병

창에 위태롭게 매달린 링거 줄이
바람에 흔들리자
한 방울 한 방울 수액이
어둠 속으로
떨어져 내린다

한 사람이
잠에서 깨어
흐느끼기 시작한다

만질 때마다 우수수 떨어지는 머리카락
바싹 마른 몸이 돌아눕자
목에서 해금 소리가 난다

노간주나무에 흘러내리는 비
밤의 혓바닥에 솟은 돌기가
수초처럼 흔들린다

나란히 걷던 지난여름 물소리길
수풀에 촘촘하던 풀무치 울음 따라

풀어지던 안개

어둡고 텅 빈 눈 안으로
무늬서향 흰 향기 후드득 떨어진다

분꽃

꽃밭에 두고 온 게 있다
어스레한 저녁을 열던
씨앗에 담긴 유골 같은 분가루

오래된 꽃밭

기억 속 멧새들이
노곤히 잠에 겨운 밤
당신이 간절할 때마다

씨앗을 연다
씨앗 속 당신을 본다

잉크물 번지듯 고운 이내 풀어질 때
쪼그려 앉아
꽃술 떼어내고 피리 불던 저녁꽃

당신에게 두고 온 말
맺지 못한 말
이제야 낮게 중얼거리면

〈
어디선가 물 뿌린 마당의 흙냄새 맡아지고
노란 테두리 속으로
들어가고 나오는
아득한 곳,
자미리*

* 자미리: 분꽃의 다른 이름.

나무고아원

죄명은 꽃가루
몇십 년 지켜온 길목에서
팔은 잘려 나가고
몸통만 남은 채
여기로 왔다

도로 확장 공사로 상처 입은 은행나무
인공 수피 수술받은 수양버들
춘궁동 축사 건설로 뽑혀 온 홍단풍

길을 끌고 하나둘 모인 나무들

외아들 잃고 손자 학비 대며
포장마차 삼십 년
집에서도
도로에서도 밀려나 폐지 모으는 할머니

깊은 어둠이 새벽에 닿아서야
모란꽃 담요 한 장 두르고
플라스틱 의자에 꼬부려 앉아

지친 몸의 뼈들을 맞춘다

가파른 언덕길 올라가는 산더미
산에 매달려 오르는 검은 그림자의 능선

마침내 유실물 되어 버려진 노구
요셉 병원 계단을 네 발로 엎드려 올라간다

൩부

아득한 것들이 모여 없는 길을 낸다

오동나무에 앉은 울새

단정하다

아무 일도 일어나지 않은 듯

한 사람이 떠난 자리

울새 한 마리 잡고

그 가는 다리에

자꾸 내 뼈를 섞고 싶다

시린

봄날

봄날, 폭설

축축한 길의 혀가 밤의 외벽을 핥는다

길은
긴 뱀처럼 휘어지며
안개 자욱한 도시로 스며들고
겨울의 심장은
통증을 기억하고 있다

움트지 않을 씨앗 같은 밤
안개가 골목 안 흐릿한 기억까지 먹어 치워
깨어날 수도 잠들 수도 없는

아득한 것들이 모여
없는 길을 낸다

낡은 시간의 비늘 후득후득 떨어지고
낯선 거리를 걸어가는 내 뒷모습

겨울의 끝
어두운 공터마다 납빛 안개가 걷혀

모든 것이 극명해진 순간
때늦은 폭설이 기미를 알아챈 듯
한꺼번에 쏟아진다

나는 내일 죽습니다

창원지방법원 315호 법정
판사의 지시에 따라 피고인이
낮은 소리로 자살을 되풀이해서 읊조린다
자, 살자 살자 살자 살자 살자 살자 살자 …
자살이 살자로 들린다는 법관
카드 빚을 갚지 못해
몸에 기름을 붓고
생을 태우려 했던 방화˙

지중해 연안의 자살꽃, 시스투스
단 하루만 피고
스스로 발화해 재가 된다
아름답고 가녀린 테러리스트, 시스투스의 꽃말은
'나는 내일 죽습니다'

검은 재 속에서 살아남을 씨앗 품고
부름켜의 휘발성 오일
온몸에 뿌리는 시스투스에게
발화發火는 발아發芽
〈

법정에 들어 꺼멓게 타들어 간 그의 낯빛을 보며
하루살이 불사조, 시스투스를 생각한다

* 자살하려고 여관방에 불을 지른 피고인에게 내린 판사의 선고 기사를 참고.

지곡동에 가다

직동 남산에서 달천으로 흐르는 냇가
너무 일찍 떠난 그에게 간다

울어본 적 없는 사람처럼 웃기만 하던 그
마루 아래 몸 풀고 축 늘어진 검둥이처럼
저승꽃 핀 콧잔등 구기며 웃었지
말기 암 병실 허름한 침대
야윈 몸 잔뜩 꼬부리고 누워서도 배시시

말을 잊은 사람처럼
마주 보며 우리는 점점 어두워지고

고개 드는 그의 눈에 가득 고였다
사라지던 물소리

수심 깊은 하루의 끝
지평선 더디 넘는 해를 등지고 선다
몸 바꾸는 구름처럼 흔들리며
가는 그를 본다
〈

본 적 없는 사람처럼
흐르는 물에 써 본 약속처럼

개심사에 가지 않아야 할 이유

그대
봄이 가장 좋다는 상왕산 개심사
청벚꽃 만개할 때는 피해야 하리

세심교 건너
안양루 배롱나무 스치듯 지나면
심하게 휘어지고 비틀어진 요사채 건너
괘불의 아름다움 막아설 수 있으니

맞배지붕 아래 단아한 기둥과 들보 앞에서
배흘림 타고 내리는 눈길 잠시 거두어
담담한 무량수각 뒷모습도 읽어야 하니

내상이 깊어
안으로 세상을 바라보는 사람이라면
그대

마사토 절 마당 석탑을 돌아
합장하며 걸어오는 남자
동안거에 든 청벚꽃눈 옆에 서서

〈
꽃 왔다 간 나무처럼
고요히 발을 모으고
안으로 눈 떠야 하니

미리 가보는 내 장례식

마음이 머물다 떠난 집이 있다

몸의 푸른 순환도로, 오름에서 멈춘 속도
시곗바늘 끝으로 시간이 빠져나가자
들끓던 외곽, 고요하다

무명옷에 싸여 종이 관에 누운 창백한 낯빛
선명하게 붉은 말소 소인 찍힌 가슴

심장에 응고된 울음과 굳은 혀가 놓지 못한 이름
가져보지 못한 내일은 문서함에서 폐기된다

덜컹거리던 여러 개의 창문에 매달린
북풍 몰아치던 밤의 눈과 비를 삭제한다

그리다 만 무늬들은 낡은 외벽에서 뭉개지는 중이다
부패의 힘이 만드는 향기
새로운 세입자들이 방마다 잔치를 한다
경계를 푼 몸은 은밀한 체위로
어둠에 흰 뼈를 포개며 해체된다

〈
한 채의 덧없는 꿈이 깨어나는 자리

사실 이 소식은
오래전에 이미 와 있던 것

보리자나무 옆, 당신의 등을 본다
하현달, 흘러간다
저기

무심천

벚나무 아래
꽃으로 하얗게 졌다

검은 벽처럼 돌아앉아서 운다

늙은 나무에게 돌아온 새가 환하게
물어온 봄빛

흘러간 말 뒤에서
심지 뽑아버린 등잔처럼 혼자 어두워진다

달이 없는 그믐
먼 곳으로 흘러간 물소리, 한 사람의 등이 아득하다

물 위로 무심이 벚꽃잎으로 떨어진다

붉은 별의 첫 이민자

'혼자 살 수 있어야 한다'

화성 식민지 프로젝트의 조건이다
780일 만에 한 번씩 지구와 가까워지는
붉고 황량한 별, 마르스

귀환 없는 화성 여행에 이십만 명 넘게 지원했다

태양계에서 가장 깊은 마리네리스 협곡
밝은 적색의 모래로 덮인 분지

혼자 죽을 수 있어야 한다

내비게이션에 화성을 찍는다

오고 간 사람 없는 곳
산 자도 죽은 자도 없는 곳

돌아오지 않는
붉은 별의 첫 이민자가 될 것이다

당신 근처

'아기를 판매합니다'
'잘 웃어요'
'가격 20만 원'

강보에 싸여 중고 판매에 오른 상품엔
품질증명서 대신 가격표가 붙었다

아기, 새근새근 잠들어 있다

* 2020년 10월 16일 중고거래 모바일 플랫폼 당근 마켓에 뜬 광고.

고비사막

한 발 한 발 걸어서

지나왔다

누에가 한잠 자듯이

한잠 자고 나면

다른 몸으로 건너와 있듯이

딴섬

소악도에서 닿자
붉은 해가 솟아오른다
소악도에서 노둣길을 걸어 진섬으로
진섬에서 딴섬으로 싸목싸목 걸어간다

물때 맞춰 드러난 바닷길 끝, 딴섬
딴사람, 딴 데, 딴짓, 딴지, 딴 길…
그렇게 딴 곳이 되어버린 섬

드러났다 사라지고
사라졌다 드러나는
길을 부여잡고
끝이 되는 섬

물 차오른 바다 위
딴생각 하나
떠 있다

오늘도, 활짝

숨기는 것 많은 사람처럼 꽃집은
안이 깊다

'오늘도 활짝'

긴 머리를 무심히 묶은 여주인이
읽던 책을 천천히 덮으며 일어설 때
웃음은 창호지로 스며드는 오후 세 시의 햇빛

입구에 걸어놓은 시클라멘이
활짝 피어본 적도 없이
한철을 넘기며 시들어 간다

오색마삭줄, 무늬벤자민, 녹보수, 남천…
노랗게 황달이 드는 이파리 사이
글썽임을 들키지 않으려고
눈을 떨군 꽃들을 오래 쳐다보지 못하고

오늘도 활짝 핀 꽃집을 지난다

봄의 서가

수수만년의 꿈을 지나 깨어난 봄날이다
녹두빛 비에 젖는 북한산 자락길

청노루귀와 흰 말발도리 사이를 걷는
나의 봄은 이미 소진되었다

숲은 한쪽 문이 열리고 한쪽 문이 닫히는 무대
춤추는 무희처럼 붐비며 지나가는
꽃의 문장들
다 읽기도 전에 한쪽에서
귀룽나무가 구름 같은 말을 쏟아낸다

고백의 형식으로 봄을 건너는 비
먼 길을 단숨에 달려와
봄의 담론 속으로 으스러지게 결탁하곤
어떤 목마름으로 흘러간다

망설이는 흰 꽃잎들을 길가에 던져놓고
검은 몸이 될 때까지
〈

내가 없는 곳에 얼굴을 묻고 우는 봄비여

나뭇가지에 매달려 나를 읽는
연둣빛 눈동자
멍하니 서 있는 내 눈에 표징을 새긴다

봄의 목록에서
오래전 죽어본 적 있는 사람의 이름을 만진다

늦은 봄의 서가, 구름꽃 아래 서서

방하放下

사라진 성주사
넓은 절터에
하얗게 내린 망초꽃

이 많은 눈은 어디서 오나

낭혜화상탑비, 오층석탑, 삼층석탑을 지나
눈과 코와 입이 뭉개진 석불입상 앞에 선다
닫힌 문 앞에서 거처를 묻는 천년의 적막
무현금을 타는데

절터를 지키고 선 불상의 마음을 읽느라
나는 오래
자리를 떠나지 못하는데

지워도 지워도 돋아나는 생각은 어디서 오나

절 없는 절
새하얗게 흐드러진 칠월의 눈
망초꽃 위로 날아오르며

금강경을 읽는 나비

이 밝은, 반야의 눈은 어디서 오나

백년 후, 그대도 나도 없는

그대가 닿으려 했던 곳이
백년 후는 아니었을까

지금 내가 사는 날들은
그대가 지나간 꿈

시간을 흘러 보낸 나무들 사이로 바람이
노래를 탄주 할 때

심장을 관통하는 통증
생생한 건
내 안에 닳지도 썩어 사라지지도 않는 그대가
살고 있기 때문

머뭇거리고 흐르기를 또 백년

 붉은가슴딱새는 잠잘 곳을 찾아 붉나무 이파리를 흔들고
 나뭇잎이 바람의 말을 쏟아내면
 〈

시간의 물결을 들여다보며 누군가 또
그대도 나도
없는 백년 후를 생각하겠지

천수만 시베리아흰두루미

길 잃은 시베리아흰두루미 한 마리

어디선가 겨울을 나고 아므르강으로 돌아가는 길에
혼자 떨어졌을 것이다

새는 시베리아를 떠나 한 번도 쉬지 않고 날아 엿새
만에 천수만에 닿는다는
너의 말이 떠오른다

그 순간 새가 날아가는 바람과 달빛 별빛이 보인다

무한 천공의 어둠과
느닷없이 쏟아지는 비와 천둥번개를 뚫고
새는 무사히 건너갈 수 있을까?

흑두루미, 검은목두루미, 황새, 큰 기러기
많은 새들 속에 유난히 크고 이마가 붉은 시베리아흰
두루미는
수많은 새들 속에서
무엇을 찾기라도 하듯 이따금 머리를 든다

〈
시베리아흰두루미를 보며
너를 복원해 낸다

나였고 너였고 우리였던
슬픔이라는 계절

불온한 광기와 섬세한 외로움 사이
무리 속에서 떨어진 너는
어느 순간 속도를 늦추며 모두 보내버렸을 것이다

흑두루미들이 바람을 타며 하늘을 까맣게 덮는다

바람 웅성거리는 허공에
검은 피를 쏟아내는 너라는 금기

시베리아흰두루미가 날개를 활짝 펴고 날아오른다

4부

당신 쪽으로 기울어지며 걸어 볼까 해요

꽃잠

당신이
숲으로 들어간 후

찔레꽃이 피고
뻐꾸기가 울고

나는 그 숲에 들어갈 수 없었다

당신이 꽃잠을 잘까 봐
당신이 꽃잠을 깰까 봐

Delete

말끔히 지워드립니다

누구나 잊혀질 권리가 있으니까요
당신의 견고한 침묵을
봉인할 시간입니다

부끄러움과 치욕과 죄
슬픔과 영광과 기쁨의 흔적까지
깨끗이 사라지게 해 드립니다

당신이 좋아한 길
프로방스에는 라벤더꽃 향기 날리고
망통에는 레몬 축제가 열리고
니스 해변의 새들은 잡힐 듯 낮게 날고

당신은
잊혀지고 싶고
잊혀지지 않고 싶고
버리고 싶고
버려지지 않고 싶고

〈
불안하게 떨던 손가락, 이제 당신
뒤돌아보지 않아도 돼요
아무것도 아니랍니다
깊은 잠에 들어요, 당신

꿈길에서
또
꿈이 시작됩니다

자, 클릭 한 번으로
당신의 꿈이 리셋됩니다

별서에 내리는 햇살

빛을 산란하는 밤을 좋아해요

말을 모으는 구름과 살고
바람새 내리는 정거장에서 당신을 읽어요

웃자란 슬픔이 키운 꽃, 한 아름
안고 언덕을 오르는 날은
하루 종일 말이 없기도 해요

오래 비워 두었던 나의 별서에 내리는 햇살
알록달록 낮은 꽃들에 앉았다
날아가는 모시나비 한 쌍

모호한 웃음 뒤에 슬픔을 감춘 사람들
길을 물으며 지나갈 땐
검은 숲을 손짓해요
아무리 빽빽해도
사실 다 빠져나가는 길은 있지요

아직 꺼내지 않은 말이 있어

흰 피 몽글몽글 쏟아내는 공조팝나무

향기 흔들며
당신 쪽으로 기울어지며 걸어 볼까 해요

남해 몽돌

둥글어지는

미끄러지는

수만 번 까무러치며 깨어나는

잘려 나간 제 살의 부스러기를 듣는

꽉 찬 침묵끼리 만지는

멀리 가는

먼 곳에서 오는

소리

우수

파주 장단콩으로 띄운 메주 여섯 덩이
소금물과 씨간장을 붓고
숯과 붉은 고추 대추를 띄운다

어머니는 장맛을 보며
이 일도 올해가 끝이라고 한다

봉화에는 잔설 속에서
개복수초가
노랗게 웃는다 하고

귀농한 시인은
금둔사 납월매 한 송이
말문을 열었다고 하는데

장항아리 앞에 선 어머니
구부정한 등을 두 손으로 받치고
먼 산을 본다

차강 올

길이 길을 물고 흘러가 하늘과 닿는 초원

먼 곳까지 단숨에 시야가 트여
붉은 길에 이끌려 걷다 보면
어느새 날 어두워지고 돌아갈 길은 멀어라

광활한 벌판에 양 떼가 한가로이 풀을 뜯는데
주인은 보이지 않는다
지천인 꽃 보기 위해 풀밭에 쪼그려 앉는다

에델바이스는 몽골어로 차강 올, 하얀 산이라는 뜻

숨을 고르고 둘러보니 낮은 풀 사이사이 산이 하얗게, 꽃이다
낮은 언덕과 사방으로 난 길과 바람 속에서
이곳 사람들은 어떻게 길을 잃지 않을까
양들은 저녁마다 잘도 집으로 갈까

바람을 지나온 저녁이 가만히 어깨에 손을 얹을 때
일찍 찾아온 별 있어 차강 올이라 이름 붙이고 마음

포갠다

  바람 아래
  별 돋는 저녁
  어둠이 깃든 눈꺼풀을 열며
  무심히 하늘을 바라본다

마릴린 먼로, 마지막 유혹 展

돌아오지 않는 강은 돌아오는 길을 모르고
마지막 유혹은 지금도 상영 중이다

와르르 주저앉기 전, 완벽한 행복을 연기하는 집

막 혀끝에 닿은 포도주를 입안에서 천천히 굴리듯
입술은 웃음을 반쯤 열어 둔다

창호지를 발라 놓은 문처럼 내면을 흐릿하게 보여 주는
눈, 오래도록 혼잣말만 해온 눈

허리에 미처 줍지 못한 잔별 몇 개는 영원한 고전

배꼽 위 오른쪽
협곡처럼 깊고 우울한 수술 자국은
마릴린 먼로를 벗고 싶었던 노마 진의 마음이다

죽음의 의문은 삶이 모호하기 때문
〈

결핍에 허덕이다 사랑을 삭제하기에 이른 몸, 비로소 빛에 가까워진다

덕사리 구절초

구절초 청 달이던
어머니
굽은 등 같은
고향의 낮은 산등성이로
가을은 온다

덕사리 오솔길
구절초 하얀 꽃으로 덮일 때면
무명빛 웃음으로 오시는
어머니

강물은 오늘도 출렁이며 흐르고
초목의 기운이 뿌리로 돌아가듯
떠나간 사람들 하나둘 고향을 찾아와
웃으며 안부를 묻는다

아홉 마디
마디마다 그리움으로 피워 올린
구절초 흐드러진
꽃그늘

〈
토닥여주시던 어머니 눈빛처럼
가을의 눈이 깊다

고궁을 걷다

통명전 지나
산사나무 열매 붉은 길
소슬바람이 긴 문장을 흘리며
지나간다
높고 시린 하늘로 새 떼가 날아오른다

한쪽에서 구절초는
혼자 피었다
조용히 지는 중
지는 데 여러 날이어서
연보랏빛 방에
풀벌레 울음을
키우는 중

떠나는 것들이 다정히 붐비는
춘당지 옆 오솔길
느릿느릿 걸어가던 발걸음도 여기선
잠시 멈춰서야 한다

내장산, 봄눈

 삼월의 눈 내린 산길, 발자국 찍으며 간다 장군봉, 연자봉, 신선봉이 파도처럼 굽이치는 능선, 묵언으로 풍경이 한없이 깊어지는 수묵의 산에선 나무도 각자 봄을 내장한 절 한 채, 수행하는 설목 납자 사이, 흰눈 헤치고 떠오른 노루귀에게서 세상을 깨우는 한 송이 말씀을 듣는다 어느 순간 등 뒤에서 불어오는 소소리바람에 보릿고개 넘는 박새들, 서어나무에서 굴참나무로 옮겨 앉고 멈췄던 봄눈 다시 쏟아지기 시작한다 눈보라 뚫고 내려온 벽련암 대웅전 지그시 둘러싼 서래봉 아래, 합장하는 나무들 꽃을 내장한 산으로 흠뻑 스며드는 흰 피, 지심귀명례 예불 소리 낮게 울리는 절 마당, 한 고요가 고요를 안고 자욱이 길을 덮는다

아기 새 목련

 까치 두 마리가 우리 집 앞 목련 나무에 집을 짓기 시작했지 하필 바람 부는 날 골라서 말야 부지런히 잔 가지를 주워 나르더니 가지와 가지 사이에 끼워 넣고 부리로 단단한 나뭇가지를 쪼기도 하는 거야 떨어뜨리면 주워 오고 부러지면 다시 쌓고, 또 쌓고 삼월의 눈보라 속에 집이 될까 했는데 동그랗게 완성된 집에 드나드는 문까지 만들었지 그런가 보다 했는데 글쎄 오늘 아기 새 세 마리가 먹이를 받아먹고 있는 거야 고 녀석들 어찌나 고물거리며 입을 딱딱 벌리는지 설거지하다가도 고것들 떨어지면 어쩌나 청소기를 밀다가도 잘 있나 조바심이 나서 내다보는 거야

 까치집 위, 막 피기 시작한 목련꽃들도 하얀 부리를 하늘로 향하고 잠든 아기 새 같아 깍깍거리는 까치 소리에 깨어나는 목련꽃 담청빛 하늘을 물고 곧 날아갈 듯, 날아갈 듯

사이

등 뒤에서 불어온 바람이 향기를 풀어놓는 사이
그대가 막 돋아난 꽃잎 같은 말들을 쏟아내는 사이
언덕 위에 숨어 있던 길들이 어둠을 흘러보내는 사이
봄을 입은 나무 사이로 반짝이는 웃음이 저녁을
만지며 흘러가는 사이
이토록 순한 저녁을 훗날 무엇으로 기억할까
물끄러미 바라보는 사이

사람들이 나무가 되어 갔지요
달이 떴지요
한 무리 구름송이 같은 꽃들이 걸어가고 걸어왔지요

저무는 하루의 끝
그대가 돌아보며 웃는 사이

스타벅스
-세이렌, 사이렌

꼬리를 감싸는 에메랄드빛 긴 머리카락
왕관 위 빛나는 별
알 수 없는 미소에 이끌리는 사람들

세이렌이 흘려보내는 노래를 들어 보았나

우아한 달빛처럼 번지고
불온한 심장처럼 펄럭이고
너나 할 것 없이
환상의 검은 바다로 뛰어들게 하는 노래

세이렌이 노래하는 바다에 나아가 보았나

태풍의 눈과 물거품이 낳은 사람들 사이로
사이렌이 울리는 건
항해의 신호

어제의 지도는 잊어도 되는 곳

해골의 눈 속에 산호초를 키우며

거침없이 표류할 수 있는 곳

망망대해 암초에 앉아 보았나
한밤중 적막 속에서 세이렌처럼 노래해 보았나

그 많은 새들은 어디에서 잠들까

어둡고 깊은 숲에 흩어진 잿빛 새의 깃털

보고야 말았다
아무렇게나 펼쳐진 비둘기 몸에
부리를 묻고 붉은 살 물어뜯는 까마귀

그때였다
가책 없이 내 몸에 받아온 온갖 울음들
일제히 소리내기 시작한 것

어느 틈에 섭생을 마치곤
부리에 붉은 피를 묻힌 까마귀
죽은 새의 영혼을 물고 날아간다

세상의 끝으로

새 날아간 자리는
영혼의 길이라고 할머니는 말했다

그 집

나지막이 휘파람 불며 비질하는 소리
우물 옆 앵두 열리는 소리

나팔꽃 덩굴 아래 그늘이 한 뼘씩 자라고
텃밭에 어린 상추 열무 부추 아욱 소복이 돋아나듯

아버지 곁에 딸린 식솔들
함박 피어 덩달아 꽃이 잘 되던 집

저녁이면
잘 씻긴 항아리 위로 바람 건너오는
소리, 사륵사륵 사르륵

살구꽃 날릴 때면 밤조차 환해

얘야, 부모 곁은 처마 밑에 소나기 잠시 피하는 시간이다

머리 만져주는 어머니 손길에
업어 가도 모르게
잠이 깊고 달던
집

어디에도 없고

유유히 흐르는 강을 따라

연둣빛 바람을 따라

번지는 꽃들의 냄새를 따라

가다가, 가다가
은사시나무 사이로 출렁이는 초록빛 강을 보고 있으면
여기가 나 살던 고향 같아서
며칠 살다 내려가면 일생이 훅 지나가 있으려나

강물 느려지는 곳에서
먼저 온 내가
도착하지 않은 나에게
편지를 쓴다

젖은 흙이 몸을 말리는 길로 봄이 오고

마음에 앉은 꽃잎은 적막을 듣는 귀가 되고

〈
강물에 물결무늬 그리는 소리, 아득하여

첫 줄에서 놓친 이야기를 찾으러
다시
긴 강을 따라

어디에도 없고, 누구도 없는 곳으로

※해 설

부재와 현존 사이에서 찾은 무심의 시학

황정산(시인, 문학평론가)

1. 들어가며 : 부재의 언어

우리는 지금 여기 있는 것들 사이에서 그것들과 함께 사는 것 같지만, 사실은 이미 사라졌거나 사라지고 있는 더 많은 것들 사이에서 산다. 사람은 떠나고, 말은 식고, 풍경은 지나간다. 삶은 채움의 연속이 아니라 상실의 잔여에 기댄 임시의 버팀으로 지속된다. 그리고 그 결핍을 메꾸려는 욕망의 힘으로 무엇인가를 갈구하고 만들고 소비하면서 살아간다.

남택성의 시는 이 근원적 결핍을 회피하지 않는다. 오히려 '없음'을 정면으로 응시하고, 부재가 일으키는 미세한 진동을 언어로 받아 적는다. 이 시집에 실린 시「오동나무에 앉은 울새」에서 "아무 일도 일어나지 않은 듯"이라는 담담한 진술 뒤에 "그 가는 다리에/자꾸 내 뼈를 섞고 싶다"는 간절한 욕망의 표현은, 부재의 아픔을 감

상으로 부풀리지 않고 몸의 언어로 바꾸어 들려주고 있다.「툭」이라는 시에서 "당신이 읽을 수 없는 당신의 죽음은/오래도록 내가 읽어야 할 시"라 선언할 때, 죽음에 대한 애도는 추모의 감정이 아니라 지속적 '읽기'이며 부재를 지우지 않은 채 오래 붙드는 실천적 노력이 된다. 이 시집의 시들에서 '없음'은 비극의 종착지가 아니라 시인에게 시적 문장을 작동시키는 원천적 동력이며, 남아 있는 자가 가질 수 있는 가장 소중한 '있음'의 방식이다.

2. 흘려보내기와 건너기 : 물과 길의 윤리

상실감을 견디는 방법으로 이 시집의 시들이 제시하는 것은 '흘려보내기'와 '건너가기'이다. 다음 작품이 '흘려보내기'의 방법을 비유적으로 잘 보여준다.

벚나무 아래
꽃으로 하얗게 졌다

검은 벽처럼 돌아앉아서 운다

늙은 나무에게 돌아온 새가 환하게

물어온 봄빛

흘러간 말 뒤에서
심지 뽑아버린 등잔처럼 혼자 어두워진다

달이 없는 그믐
먼 곳으로 흘러간 물소리, 한 사람의 등이 아득하다

물 위로 무심이 벚꽃잎으로 떨어진다

-「무심천」 전문

  상실감은 대개 눈물의 과잉으로 표현되지만, 이 시는 그 반대의 길을 택한다. 첫 행 "벚나무 아래/꽃으로 하얗게 졌다"에서 시적 화자는 슬픔을 직접 드러내지 않고 밝은 배경 속에 감춘다. 하얗게 진 풍경은 죽음의 빛바랜 흔적이면서 동시에 과잉 감정의 색을 걷어낸 여백이다. 곧이어 "검은 벽처럼 돌아앉아서 운다"가 배치되는데, 이때 '등'은 울음을 앞세우는 정면의 표정을 거부하는 태도다. 자신의 고통을 정면으로 호소하지 않고, 등으로 울어 전면을 비워 둔다. 이 비움이 바로 흘려보내기의 첫 번째 몸짓이다.
  "달이 없는 그믐/먼 곳으로 흘러간 물소리, 한 사람의 등이 아득하다."라는 구절에서, 그믐은 빛을 비우는 시간, 애도의 외부 조명을 거두는 시간이다. 앞서 말한 '등'이 다시 등장하지만 이번에는 한 사람의 '등'이 물소리와 결을 맞춘다. 물소리는 앞서 꺼둔 등잔의 반대편에서, 어떤 기억도 붙잡지 않은 채 거리를 벌려 준다. 이 아득함은 무정이 아니라 슬픔과 나 사이의 건강한 간격이다. 마지막 행 "물 위로 무심이 벚꽃잎으로 떨어진다"는 구절은 이 시가 도달한 사유의 결과를 이미지로 보여주고 있다. 여기서 무심은 냉담이 아니다. 벚꽃잎이라는 가장 가벼운 물성으로 표상된 이 무심은, 슬픔을 밀어내지 않고 가만히 얹어 강물에 띄우는 기술적 행위이다. 흘러가게 두되, 억지로 떠밀지 않는다. 무심은 감정의 제거가 아니라 감정의 무게를 조절하는 호흡이라 할 수 있다. 그래서 이 시는 상실을 극복했다고 선언하지 않는다. 다만 강의 리듬에 맞춰 애도의 방식을 바꾼다. 그것은 조용히 흘려보내는 것이다.

이렇게 볼 때 이 시 「무심천」은 슬픔을 줄이거나 없애려 하는 시가 아니라 그것을 흘러가게 하는 시다. 하얀 낙화와 검은 등, 그믐과 물소리, 벚꽃잎과 무심, 밝음과 어둠, 정면과 등, 빛과 소리, 무게와 가벼움의 대비를 통해 감정을 적절하게 배치하고 감상적 슬픔으로부터 거리 두는 법을 보여준다. 이 시에서 무심은 망각의 다른 이름이 아니라, 물 위로 올려놓듯 기억을 아련히 환기하는 조용한 실천임을 시의 화자는 우리를 설득하고 있다.

다음 시 「딴섬」은 건너가 다른 것이 되는 방식으로 상실과 사라짐의 슬픔을 견딘다.

소악도에서 닿자
붉은 해가 솟아오른다
소악도에서 노둣길을 걸어 진섬으로
진섬에서 딴섬으로 싸목싸목 걸어간다

물때 맞춰 드러난 바닷길 끝, 딴섬
딴사람, 딴 데, 딴짓, 딴지, 딴 길…
그렇게 딴 곳이 되어버린 섬

드러났다 사라지고
사라졌다 드러나는
길을 부여잡고
끝이 되는 섬

물 차오른 바다 위
딴생각 하나
떠 있다

-「딴섬」 전문

  이 시는 사라짐을 통과해 '다른 것'이 되는 법을 보여주는 짧은 도상학이다. 시는 소악도→진섬→딴섬으로 이어지는 노둣길의 순서를 통해, 상실을 되돌리려 하지 않고 '건너간다'는 동사로 치환한다. 물때에 맞춰 "드러났다 사라지고/사라졌다 드러나는" 길은 사라짐과 상실을 애도하는 리듬 그 자체다. 이 시에서 상실은 고정된 종결이 아니라 조수처럼 왕복하는 현상이며, 화자는 그 왕복의 간격에 발을 맞춘다. 그래서 도착지는 같은 곳으로의 복귀가 아니라 "딴사람, 딴 데, 딴짓, 딴지, 딴 길"이 중첩된 변신의 지대다. 반복되는 '딴-'은 잃어버린 동일성을 대체하는 표지가 아니라, 상실을 견디기 위해 자아의 경계선을 미세하게 수정하는 언어적 제스처다.

  마지막에 "물 차오른 바다 위/딴생각 하나/떠 있다"는 풍경의 제시는 이 시의 시상을 완성해 준다. 길은 다시 잠기고, 남는 것은 떠 있는 생각, 즉 붙잡지 않고 띄워 보내는 태도뿐이다. 이로써 시는 상실을 복구의 문제가 아니라 방향과 시간의 문제로 치환한다. 길이 사라질 때까지 걷고, 길이 사라지면 생각을 띄운다. 그렇게 화자는 '사라짐'을 건너 '다름'으로 건너간다. 상실은 끝이 아니라 변신의 문턱이며, 견딘다는 것은 저 문턱을 알아보고 제때 발을 옮기는 감각임을, 이 시는 물때의 문법으로 설득한다.

다음 짧은 시는 이 건너가기의 사유를 간결한 이미지로 만들어 보인다.

> 한 발 한 발 걸어서
>
> 지나왔다
>
> 누에가 한잠 자듯이
>
> 한잠 자고 나면
>
> 다른 몸으로 건너와 있듯이
>
> ―「고비사막」전문

이 작품은 짧은 시지만, '건너가기'라는 동사로 세월의 고통을 이겨내는 방식을 정밀하게 압축해 보여준다. "지나왔다"는 회고의 서술이면서 동시에 결의의 다짐이다. 사건의 디테일, 누가 무엇을 잃었는지에 대한 서사는 생략되고, 오로지 동사만 남는다. 고통의 연대기를 늘어놓는 대신, 통과했다는 사실을 강조함으로써 시는 고통의

크기를 말하지 않고도 그 관통의 아픔을 말한다. "누에가 한잠 자듯이/한잠 자고 나면"에서 견딤은 영웅적 의지나 격앙된 비상이 아니라, 생물학적 리듬인, 잠과 깸으로 환원된다. 사막의 극단적 조건은 이런 삶의 리듬을 시험하지만, 화자는 건너가 다른 몸이 되는 것으로 이 시련을 넘어선다.

이렇게 볼 때 건너가기는 단순한 장소 이동이나 시간 경과가 아니라 '다른 것 되기', 즉 변신으로 가능하다. 누에-고치-나비의 변태과정이 무엇을 비유하는지 명확하게 제시되지 않기에, 독자는 '다른 몸'이 과연 무엇인지 상상하게 된다. 어쩌면 이 상상의 힘이 변신의 가장 중요한 의미이기도 하다. 중요한 것은 무엇이 되었느냐가 아니라 '다른 것'이 되었다는 사실, 즉 동일성의 완고함이 한 번 무너졌다는 점이다. 고통을 이긴다는 말 대신, 고통을 통과해 신체의 문법이 바뀌었다는 선언. 이것이 이 시가 도달한 사유의 핵심이다.

「어디에도 없고」라는 시는 이런 사유를 가장 명료하게 정식화한다. "먼저 온 내가/도착하지 않은 나에게/편지를 쓴다"라는 구절에서처럼 한 사람 안의 시간차를 인정하고, 그 간극을 서둘러 봉합하지 않은 채 왕복한다. 남택성 시인에게 '무심'은 그래서 냉담이 아니라 리듬이다. 울음은 물처럼 흘려보낼 때 잦아들고, 기억은 길을 반복해 걸을 때 가볍게 얇아진다. 상실을 견디는 힘은 망각의 강요에서가 아니라, 흘려보내고 건너가며 호흡을 조절하는 이 아슬아슬한 정서적 운동과 그것이 추동하는 정동에서 나온다.

3. 낡은 것과 오래된 것 : 비움과 침묵의 시간들

오래된 것은 사라져야 할 운명을 이미 품고 있다. 그러나 남택성의 시에서 낡음은 퇴락의 표지가 아니라 견딤의 형식이며, 침묵의 미학을 가르치는 스승이다.

> 해인의 적멸보궁을 지키는 노거수 고사목
> 조릿대가 바람의 숨결을 풀어내고
> 봄물, 가야산 소리길이 흘러든다
>
> 네가 막 돋아난 연두의 말들을 쏟아내는 사이
> 나는 나무가 되어갔다
>
> 해묵은 몸에서
> 앙금처럼 가라앉은 시간의 주름을 펴며
> 여린 것이 부풀어 몸이 자주 아팠다

〈

산사山寺 들어서

어디 있느냐 물으면

천년 전에도 여기

지금도 여기

죽은 새의 깃털처럼 허공을 헤맨

남루한 행장

무채색 업을 메고

해탈문에 선다

안과 밖이 없는

오래된 서원의 벽이 허물어지는 순간

홍점알락나비 환생일까

빗살무늬 햇살을 만든다

- 「고사목枯死木」 전문

"고사목"은 오래된 것이 말 대신 침묵으로 세계를 떠받치는 방식을 보여준다. "해인의 적멸보궁을 지키는 노거수" 곁에서 "조릿대가 바람의 숨결을 풀어내고/봄물,

가야산 소리길이 흘러든다." 죽은 나무, 낮은 풀, 소리와 물의 호흡이 이루는 상호작용 속에서 화자는 "나는 나무가 되어갔다"고 고백한다. 이때 적멸보궁 앞 노거수의 침묵은 공백이 아니라 '조릿대의 숨결'과 '봄물의 소리길'을 통과시키는 거대한 공명통이다. 화자는 "연두의 말들"이 쏟아지는 사이 오히려 말을 비우고 "나무가 되어" 선다. 해묵은 몸의 주름을 펴며 아파하는 대목은 견딤이 무감각이 아니라 체내에서 지속적으로 벌어지는 미세한 수선修繕의 행위임을 말한다. "어디 있느냐"라는 질문에 "천년 전에도 여기/지금도 여기"로 응답하는 것은 오랜 시간의 흐름을 강조하는 것이면서도 또 한편으로는 가장 절제된 대답인 침묵의 표현이기도 하다.

남루한 행장과 "무채색 업"을 짊어진 채 해탈문 앞에 서면, 안과 밖의 경계가 허물어지고 오래된 서원誓願의 굳건함은 사라진다. 그 순간 비로소 "홍점알락나비"가 빗살무늬 햇살로 환생하듯, 침묵은 빛과 무늬로 전환된다. 이렇게 이 시는 오래됨이 퇴락이 아닌 버팀의 방식임을 보여준다. 오래된 것은 말하지 않음으로 흐름을 통과시키고, 그 통과의 무늬가 세계를 조용히 지탱한다. 그러나 이것은 정지의 욕망이 아니라, 나이테처럼 시간을 몸에 새기는 태도, 즉 비움으로 버티고 침묵으로 지탱하는 방식이다.

고택의 지붕 위를 날아가는 새들이

고색창연한 단청을 허공에서 탁본하듯

금 가던 담벼락이 실눈으로

자목련을 바라보듯

바람의 입술이

생강꽃 향기를 슬쩍 훔치듯

빛바랜 누름꽃 창호지에

비스듬히 빛이 들 듯

아무도 없는 마당

발자국 없는 발이 스치듯

지나간다

-「듯」전문

  이 시는 오래 견딘 것과 스쳐 지나가는 것 사이에 놓인 '유보의 미학'을 보여준다. 시는 처음부터 고택·단청·담벼락·창호지 같은 시간의 두께를 가진 사물들을 불러낸다. 이들은 소유나 감탄의 대상이 아니라 시간이

새겨 놓은 질감 그 자체다. 그런 오래된 것들을 배경 삼아 시의 화자는 "탁본하듯/바라보듯/훔치듯/들 듯/스치듯"의 연쇄를 통해, 세계를 단정하지 않고 비스듬히 다가가는 태도로 바라본다. 이 '듯'의 반복은 확언을 거부하고, 접촉의 순간을 잠정형으로 머물게 한다. 견고한 것의 표면과 찰나의 움직임이 만나지만, 그 만남은 흔적을 과시하지 않는다.

고택의 지붕·단청·금 간 담벼락·빛바랜 창호지는 오래된 것의 시간성을 대표한다. 그 위를 "새들이… 허공에서 탁본하듯" 날아간다. 탁본은 눌러 찍어 가져오는 기술이지만, 여기서는 오래된 것 위로 지나간 순간들이 남기는 가장 가벼운 흔적이다. "금 가던 담벼락이… 자목련을 바라보듯"도 마찬가지다. 금은 균열의 상처이면서 관찰의 틈이다. 그 틈새로 들어오는 봄의 목련은 한철의 화려함이지만, 담벼락은 실눈으로만 응시한다. 오래된 것이 순간을 삼키지 않고, 눈을 가늘게 뜬 채 통과시키며 견디고 있는 중이다. 또한, 여기서 꽃이나 새처럼 순간적인 존재들은 흔적을 과시하지 않고, 오래된 것은 그 통과를 받아내되 자신을 잃지 않는다. 이 미세한 균형이 바로 '듯'의 미학이다. 스침이 과하지 않을 때, 오래된 것의 내구는 오히려 선명해지고, 순간의 섬광은 폭죽이 아니라 윤곽을 덧그리는 빛으로 남는다.

결국, 이 시는 유보의 미학을 통해, 세계와의 관계 맺음을 점유가 아닌 스침으로, 확정이 아닌 여운으로, 감탄이 아닌 감응으로 제시한다. 오래된 것과 순간적인 것 사이의 미세한 균형을 통해, 시는 존재의 품격과 존재 간의 접촉의 섭리를 보여준다.

반어적 제목을 가진 「개심사에 가지 않아야 할 이유」라는 시는 오래된 것들의 이미지를 통해 '순간의 아름다움 과잉'이 사유의 여백을 덮어버리는 순간을 경계한다. "무량수각 뒷모습도 읽어야 하니" 정면의 응시를 잠시 멈추고 거두고 구조를 본다. 구조를 통해 바라본 오래된 건물, 해탈문, 세심교는 장식이 아니라 생의 호흡을 바꾸는 문턱이다. 이 문턱을 넘을 때 시는 감동의 과시 대신 '정좌·합장·응시'라는 느린 절차를 밟는다. 오래됨은 여기서 회피가 아니라 현재를 버티는 형식이고, 낡음은 소멸을 미루는 사유의 형식이 된다. 비움과 침묵이야말로 부재의 무게를 흩어지지 않게 담아내는 그릇이라는 사실을, 이 시의 장면들은 조용히 증명한다.

4. 살아있음의 아름다운 비극성 : 피어남과 사라짐의 변증법

이 시집의 시들에 자주 등장하는 봄은 환희의 계절이 아니라 생명의 비극성을 가장 밝게 드러내는 시간이다. 가령 다음과 같은 시를 읽어보자.

>책을 읽느라 수그린 소녀의 이마
>같은 목련
>
>잠결에 뒤꿈치 들고
>따라다닌 꿈
>어느덧 지고 나면 그 자리는
>눈부신 거짓
>
>한 사람이 왔다
>떠난 가슴
>목련은 내게 왔다
>간다
>
>지나는 바람이
>추운 봄의 건반을 두드릴 때마다

-「목련을 읽다」 전문

  이 시는 소멸의 운명을 부여받은 아름다움의 존재 방식을, 현란한 감정 대신 선명한 이미지 배치로 보여준다. 첫 행의 "책을 읽느라 수그린 소녀의 이마/같은 목련"에서 목련은 순결의 은유이자 '읽기'의 자세로 등장한다. 숙이는 몸, 낮아진 시선, 집중의 호흡이 꽃의 형상과 겹치며, 아름다움이 곧바로 소유나 감탄이 아니라 바라봄의 태도에서 나오는 것임을 일러준다. 이어지는 "잠결에 뒤꿈치 들고/따라다닌 꿈"에서 뒤꿈치를 드는 미세한 동작은 욕망의 경쾌한 미끄러짐이다. 그러나 이 꿈은 곧 "어느덧 지고 나면 그 자리는/눈부신 거짓"이라는 냉정한 통찰로 뒤집힌다. 눈부심은 사라짐을 가려 주는 순간의 현혹일 뿐, 피어난 것은 져야만 한다는 사실을 더 선명히 각인한다. 이때의 거짓은 허위가 아니라 덧없음의 다른 이름, 아름다움이 자신의 끝을 밝히는 방식이다.

  마지막 구절 "지나는 바람이/추운 봄의 건반을 두드릴 때마다"가 이런 의미를 좀 더 분명히 한다. 바람은 연주자, 봄은 건반, 목련은 음표다. 봄은 따뜻함의 상징이지만 여기서는 아직 추운 계절이다. 막 피어나는 순간이 가장 차갑고, 가장 쉽게 깨진다는 역설의 표현이다. 바람이 지나갈 때마다, 즉 시간의 손이 한 번 스칠 때마다

음 하나가 울리고 곧 사라진다. 음악은 남지 않고, 연주 행위만이 공기를 흔든다. 이런 구도 속에서 아름다움은 영속을 약속하지 않는다. 오히려 덧없기 때문에 아름답다. 울림과 침묵, 도래와 소멸이 나란히 적히는 악보, 그 악보를 읽는 일이 곧 "목련을 읽"는 일이다.

다음 시는 이 아름다운 것들의 덧없음을 간결하면서도 재미있게 보여준다.

> 산구름국화
>
> 구름꽃다지
>
> 구름패랭이
>
> 구름송이풀
>
> 구름제비
>
> 구름병아리난초
>
> 산으로 간 풀들은 구름을 입었다
>
> -「모운동 4」 전문

이 시는 꽃의 이름을 호명하여 아름다움의 덧없음을 말해준다. 시는 먼저 '산구름국화/구름꽃다지/구름패랭이…'처럼 식물의 이름 앞에 '구름'이 붙은 꽃 이름을 나열한다. 꽃에 '구름'이라는 가벼운 수식어가 붙는 순간,

꽃의 아름다움은 땅의 지속성보다 하늘의 일시성을 떠올리게 한다. 이들은 피어 있되 이미 구름처럼 흩어져 사라져 가는 운명을 가지고 있다. 마지막 행 "산으로 간 풀들은 구름을 입었다"는 말이 이를 압축적으로 다시 강조하고 있다. 산은 위로 솟는 공간이지만, 동시에 안개와 구름이 가장 먼저 스치고 가장 먼저 거두어지는 자리다. 그 산으로 올라간 풀들이 구름을 '입는다'는 말은, 아름다움이 완성의 상태가 아니라 통과의 상태임을 뜻한다. 입고 벗는 옷처럼, 머물렀다가 사라질 운명. 시인은 '핀다/진다'의 정서적 진폭으로 과잉된 감정을 표현하는 대신 꽃과 구름의 병치로 소멸의 예감을 꽃의 이름 속에 숨겨 놓고 있다.

그리하여 이 짧은 시는 한 가지 사실을 설득한다. 아름다운 것들은 땅의 뿌리만으로 존재하지 않는다. 그들은 늘 하늘의 옷을 조금씩 빌려 입고, 그 옷은 금세 젖고 마르고 사라진다. 그러니 우리가 할 일은 붙잡아 영구화하려는 충동이 아니라, 구름이 스칠 때의 빛과 온도를 기억하는 일이다. 이 시는 그 기억의 최소 단위를 "구름+꽃의 이름"이라는 아름다운 이름으로 남겨 두었다.

이 시집의 표제작이기도 한 「후드득 비의 경계」는 있음과 없음, 나타남과 사라짐이 하나의 고정된 경계로 구분될 수 없음을 말하고 있다.

비의 경계에 서 본 적 있어

길 이쪽은 젖었는데 저쪽은 말짱

어제는 울고 오늘은 웃고

너는 없고 나는 있고

달맞이꽃 피어

너는

열리는 꽃잎

보고, 또 보겠지

후드득후드득 마당을 걸어오는 빗줄기

흙이 튀어 오를 때마다

덜 익은 감 맛 같은 흙냄새

헛되이 보낸 꿈들은 어디에 모여

헛꽃이 될까

- 「후드득 비의 경계」 전문

이 시는 세계를 둘로 나누는 경계선 대신, 스며들고 번지는 막膜의 감각을 제시한다. 첫 연의 "길 이쪽은 젖었는데 저쪽은 말짱"은 물리적 풍경이면서 존재론적 사유의 단언이기도 하다. 젖음/마름, 슬픔/기쁨, 없음/있음은 선으로 가르지 못한다. 비는 비스듬히 내리고, 경계는 고정된 선이 아니라 순간순간 이동하는 등고선이다. "어제는 울고 오늘은 웃고/너는 없고 나는 있고" 역시 배제의 선언이 아니라 상태의 교차를 기록한 것이다. '없음'은 단절이 아니라 다른 곳의 '있음'이며, '있음'은 잠시의 밝음일 뿐 곧 다른 상태로 건너갈 가능성이다. 시는 이 시간의 교차를 냉정하게 보여준다.

"헛되이 보낸 꿈들은 어디에 모여/헛꽃이 될까"라는 질문은 결실 실패의 슬픔을 한탄하는 것이 아니라, 열림의 다른 형식을 탐문하는 물음이다. '헛꽃'은 열매 맺지 못한 꽃이지만, 바로 그 결실의 실패가 세계에 남기는 미세한 흔적. 이를테면 향기, 색, 순간의 빛을 상기시킨다. 결실만을 결과로 인정하는 시선에서는 헛됨이지만, 경계의 감각으로 보면 그것 또한 나타남의 하나다. 이럴 때 사라짐은 도태가 아니라 다른 층위의 현현으로 옮겨간다. 다르게 표현하면, 이 시가 말하는 경계는 벽이 아니라 숨구멍이다. 젖음과 마름, 울음과 웃음, 없음과 있음은 한 화면에서 교대로 점멸하며 서로를 비춘다. 비가 오가듯 감정도 오가고, 존재 역시 고정된 좌표가 아니라 이동하는 기압골 위에 선다. "후드득"이라는 의성어가 이런 가변성을 감각적으로 일깨워 준다. "비의 경계"에 서 본 자만이 안다, 세계는 둘로 갈라져 있지 않다는 것을.

그 경계가 우리 발목을 적시고 말리는 사이, 우리는 없음과 있음의 상호교차 속에서 잠시 빛나는 꽃으로 피어 소멸의 시간을 예감하고 있다.

5. 맺으며 : '무심'이라는 느린 기술

 남택성 시인의 이 시집이 우리에게 건네는 것은 감정을 지우는 냉담이 아니라 감정의 속도를 늦추는 기술, 곧 '무심'의 호흡법이다. 물과 길, 낡음과 침묵, 피어남과 사라짐을 통과해 온 시들은 슬픔을 밀어내지 않고 그 옆자리에 자리를 펴 준다. 그 자리는 장식이 아니라 간격이며, 죽거나 사라진 것에 대한 애도는 눈물의 과잉이 아니라 정서의 리듬을 조절하는 것으로 가능하다. 무심은 잊어버리기 위한 방법이 아니라 오래 기억하기 위한 자세, 즉 조급한 확언을 유보하고, 스침의 미학으로 사물 사이의 간격을 다시 건너는 느린 실천의 방식이다. 그 느림의 끝에서 남택성 시인의 언어는 상실을 복구의 문법으로 다그치지 않고, 건너가는 몸짓으로 바꾼다. 그렇게 슬픔은 '흘려보내기'로 치유하게 되고, 시간은 '왕복'의 운동으로 덧없음을 보상하고, 우리는 가라앉지 않으면서도 깊어지는 법을 배운다.

이런 사유의 언어로 시인은 독자에게 "꽃잠" 같이 아름다운 치유의 시간을 선사한다.

> 당신이
> 숲으로 들어간 후
>
> 찔레꽃이 피고
> 뻐꾸기가 울고
>
> 나는 그 숲에 들어갈 수 없었다
>
> 당신이 꽃잠을 잘까 봐
> 당신이 꽃잠을 깰까 봐
>
> -「꽃잠」전문

피어난 찔레꽃과 울음소리마저도 잠든 이를 방해하지 않도록 낮추어지는 이 태도는, 이 시집이 도달한 무심의 사유를 가장 간명하게 드러낸다. "꽃잠을 잘까 봐/꽃잠을 깰까 봐" 이 두 행 사이의 미세한 떨림은 '있음/없음'을 가르는 선이 아니라, 숨을 고르고 리듬을 맞추는 간격이다. 이 간격이야말로 시가 독자에게 선물하는 침묵의 침대, 말들 사이로 펼쳐진 얇은 이불이다. 시는 우리를 각성의 격정으로 몰아붙이는 대신, 잠시라도 안전하게 눈을 감을 수 있게 한다. 기실 '꽃잠'은 무지의 안온함이 아니라 실존의 무게를 잠시 내려놓도록 허락하는 배려의 시간, 도착과 출발 사이에 걸어둔 해먹 같은 시간이다.

    그런 의미에서 남택성의 시는 세계를 밝히는 조명이라기보다 빛을 덜어내는 커튼에 가깝다. 과잉의 정념 위에 얇은 그늘을 드리우고, 그 그늘 속에서 사물과 기억의 윤곽이 천천히 또렷해지도록 기다린다. 독자는 그늘의 속도에 맞춰 호흡을 낮추고, "딴섬"의 물때처럼 오고 감을 허락하며, "무심천"의 흐름 위에 생각을 띄운다. 그리고 마침내 "꽃잠"의 문턱에서 깨우지 않음, 들어가지 않음이라는 무심의 태도를 배운다. 이 무심은 회피가 아니라 사랑의 다른 문법이다.

상상인 시선 067

너는 없고
나는 있고

지은이 남택성
초판인쇄 2025년 11월 5일 **초판발행** 2025년 11월 13일
펴낸곳 도서출판 상상인 **편집주간** 황정산 **펴낸이** 진혜진
표지디자인 최혜원 **기획·마케팅** 전은빈 최유림 노혜림 정현수
책임교정 길상화 **편집** 세종PNP
등록번호 제572-96-00959호 **등록일자** 2019년 6월 25일
주소 06621 서울시 서초구 서초대로74길 29, 904호
전화번호 02-747-1367, 010-7371-1871
팩스 02-747-1877 **전자우편** ssaangin@hanmail.net

ISBN 979-11-7490-024-1 (03810)

값 12,000원

* 이 책은 전부 또는 일부 내용을 재사용하려면 반드시 저작권자와 도서출판 상상인의 동의를 받아야 합니다.
* 이 도서의 국립중앙도서관 출판시도서목록(CIP)은 서지정보유통지원시스템 홈페이지(http://seoji.nl.go.kr)와 국가자료공동목록시스템(http://www.nl.go.kr/kolisnet)에서 이용하실 수 있습니다.